学生行为习惯养成教育手册

习以为常

《习以为常》编写组 编著

初中版

海峡出版发行集团 | 福建少年儿童出版社
THE STRAITS PUBLISHING & DISTRIBUTING GROUP | FUJIAN CHILDREN'S PUBLISHING HOUSE

《习以为常》编委会名单

目 录

第 一 章

自尊自爱健身心，注重仪表讲卫生

1. 做自信自尊自爱的好少年

好习惯知多少

自信，就是相信自己，它是推动人们进行活动的强大动力，也是人们完成活动的有力保证；自尊，就是尊重自己，有自己的理想信念和处事原则，有自己的独立人格，既不依附他人，也不伤害他人；自爱，就是愿意接受自己和自己所做的一切，能够听从自己内心的声音。自信、自尊、自爱都是健康的心理状态，也是一种内在的精神力量，能鼓舞人们克服困难，不断进步，努力实现自己的人生价值。

好习惯我来讲

发愤图强的徐悲鸿

徐悲鸿，是我国现代著名画家。从 1919 年到 1927 年，徐悲鸿远

渡重洋，到欧洲留学。当时的旧中国贫穷落后，在国际上没有什么地位，所以中国留学生也处处被外国人歧视。

一次，许多留学生在一起聚会。突然，一名外国学生站起来，一脸轻蔑地对徐悲鸿说：“你们中国人又蠢又笨，只配当亡国奴，就是把你们送到天堂深造，你们也成不了才。”徐悲鸿听了，不紧不慢地来到那个人面前，说：“这位先生，你不是说中国人不行吗？那好，我代表我的国家，你代表你的国家，我们比一比，等到结业的时候，看看到底谁是人才，谁是蠢材。如何？”

为了提升自己的绘画水平，徐悲鸿到巴黎的各大博物馆临摹世界名画，常常一待就是一整天，直到闭馆才离开。徐悲鸿的勤奋感动了法国画家达仰。他主动邀请徐悲鸿到家里做客，在他的画室画画，还亲自指导徐悲鸿。

有志者事竟成。后来，徐悲鸿进入巴黎高等美术学校学习，并在后来的几次比赛和考试中获得第一名。1924 年，徐悲鸿的油画在巴黎展出，轰动了美术界。徐悲鸿用自己的实际行动证明了中国人能行！而那个曾经辱骂中国人的外国学生，不得不承认自己不是中国人的对手。

好习惯进我心

提升自信的方法

1. 积极的心理暗示。遇到困难，首先告诉自己："我很棒，我能行。""别人能做到的，我也一样能做到。""即使不能取得成功，我也可以证明自己的能力。"

2. 发现自己的优点。可以试着写"赋能小日记"，从自己说过的话、做过的事、产生的想法、别人的评价中发现自己的优点，并及时记录下来，建立自信支撑点。记录的时候，可以先记关键词，然后附一段解释说明或佐证理由，以增强说服

我的赋能小日记

- 我的优点关键词：______
- 理由／说明：______

______

______

力，坚定自己的信心。

3. 将大目标分解为小目标。对于难度较大的目标，不要因为一时难以实现而放弃。可以把大目标分解成几个小目标，循序渐进地完成。每实现一个小目标，我们的自信就会相应地增强。

4. 净化自己的“朋友圈”。避免无谓比较，因为有些比较是没有意义的，比或不比都改变不了什么；屏蔽不良议论，因为每个人都是不断成长的个体，难免有不成熟的思想，所以不必太在意别人的看法；多跟有正能量的人交往，从他们身上获得精神成长的动力，培养自信的习惯。

5. 正视自己的“短板”。每个人都有自己的长处，也都有自己的“短板”。所以，如果认识到自己有哪些不足，不妨大大方方地承认，然后虚心向别人请教，主动请别人帮忙，尽可能提升自己，缩小差距。

培养自尊自爱的习惯

1. 始于知耻。自尊始于知耻，而羞耻心源于是非观。所以，首先要在学习和生活中多思考，做到知荣辱、明是非、辨善恶。有了羞耻心，才能克制自己的言行，远离辱、非、恶之事。唯有知耻，才能在精神上站立起来，赢得他人和社会的尊重。

2. 成于自立。要确立靠自己不靠别人的观念，与依附别人、依赖别人的惰性心理决裂，把维护个人尊严、实现自身价值建立在自己努力的基础上，做到自己对自己负责，不逃避。“人必其自爱也，而后人爱诸；人必其自敬也，而后人敬诸”，说的就是这个道理。

3. 终于达观。一个自尊自爱的人，终将走向自信而达观。拥有良好的自尊，意味着我们能够认同自己、接纳自己、相信自己，同时也能够尊重、欣赏、接纳他人。

好习惯伴我行

读一读

只有满怀信心的人，才能在任何地方都把自己沉浸在生活中，并实现自己的理想。

——高尔基

自尊自爱，作为一种力求完善的动力，是一切伟大事业的渊源。

——屠格涅夫

任何人都应该有自尊心、自信心、独立性，不然就是奴才。但自尊不是轻人，自信不是自满，独立不是孤立。

——徐特立

想一想

在自信、自尊、自爱方面，你认为自己哪些地方做得好？哪些地方做得不好？为什么？

做得好：________________

____

做得不好：________________

____

写一写

请在下面的方框内用关键词记录你的优点。

做一做

为了成为一个更加自信、自尊、自爱的人，我打算这么做：

1. ________________
2. ________________
3. ________________

2. 有健康才有一切

好习惯知多少

“健康是人类与物理、生物和社会环境的平衡，是各种功能活动的和谐。”这是世界卫生组织对“健康”下的定义。就学生而言，只有保持身心健康，才能抵达“诗与远方”。如果健康是“1”，那么学业、事业、财产、地位、荣誉等，都是跟在“1”后面的“0”。有了健康的“1”，后面的“0”才有意义。只有具备健康的身心素质，才能更好地学习和工作，才能应对各种困难和挑战，实现对美好生活的追求。

好习惯我来讲

热爱运动的巴甫洛夫

你知道照片中这位精神矍铄的老人是谁吗？他就是 1904 年获得诺

贝尔生理学或医学奖的伊万·彼得罗维奇·巴甫洛夫。巴甫洛夫从小就是一个热爱运动的人，尤其喜爱体操运动。他每周四都去练体操，并把这一天戏称为“肌肉兴奋日”。据他的一位学生回忆：“这一天，这位世界上最有名的生理学家身穿白色衬衣，系着黑色‘蝴蝶’领结，兴致勃勃、情绪激昂地在双杠、吊环和其他器械上翻飞腾挪。”

除了体操之外，巴甫洛夫还爱好游泳、划船、滑雪、跑步、玩击木游戏等运动，直至老年兴趣犹浓。巴甫洛夫经常对人说：“如果不锻炼身体，大脑就不能很好地工作。科学需要我们具有强烈的热情并要付出繁重的劳动，没有一个健壮的身体怎么能行呢？”70岁时，他还骑自行车进行几十千米的旅行；70岁以后，主要锻炼快步走；80岁以后还时常进行负重锻炼，即背着包裹长时间散步。有一天，巴甫洛夫背着包裹缓缓而行，几个少年见了，连忙说：“老爷爷，我们帮您背吧！”说着，便围了上去，就要抢下包裹。巴甫洛夫谢绝道：“孩子们，谢谢你们，我这是在负重散步，锻炼身体呢！”

长年不断的体育锻炼习惯，使得巴甫洛夫身体强壮，冬天根本不用穿皮裤，更不用围围巾。直到八旬高龄，巴甫洛夫还以充沛的精力从事科研工作，著书立说，甚至在去世前6天，还制订了年度工作计划。

好习惯进我心

青少年正处于身体发育时期，打下健康的身体底子尤为重要。比如：

1. 注重卫生，保持形象。良好的个人卫生，可以给我们带来健康，帮助我们建立自信，也能让我们给他人留下一个美好的印象。良好的个人卫生习惯包括：勤洗头，勤洗澡，勤换衣，勤剪指甲，勤理发，饭前便后洗手，不偏食，不暴食，不吸烟，不喝酒，不喝生水，少吃零食，早晚洗脸刷牙，饭后漱口，睡前洗脚，不与他人共用毛巾和水杯等。

2. 加强锻炼，培养爱好。每天安排 30 ~ 60 分钟的时间进行体育锻炼，跑步、打球、做操、游泳、跳绳、

踢毽子等中等强度的有氧运动可以消耗脂肪。最好能发展一两项自己的兴趣爱好，将运动健身与兴趣爱好相结合，就容易坚持下来。

3. 膳食搭配，科学合理。了解健康饮食的相关知识，在营养均衡的同时，保证蛋白质、维生素、矿物质、膳食纤维素摄入充足，减少摄入脂肪含量高、热量高的食物，多吃水果、蔬菜，远离垃圾食品。

4. 劳逸结合，保证睡眠。无论多忙，都要注意劳逸结合，保证充足的睡眠，不要熬夜。《中共中央、国务院关于加强青少年体育增强青少年体质的意见》提出：小学生每日睡眠时间应不少于10小时，初中生应不少于9小时，高中生应不少于8

小时。充足的睡眠时间、良好的睡眠质量，能帮助青少年增强记忆，促进生长发育，是健康成长的保证。

5. 与人为善，乐观向上。良好的性格是健康的保证，善于看到事物阳光积极的一面，保持良好的心态，才能拥有健康的体魄。

小反思

上述内容，你在哪些方面做得比较好？哪些方面还需要改进？请分别列出来。

做得较好：________________________________

____

尚需改进：________________________________

____

好习惯伴我行

小讨论

参加社会实践活动时，同学们10人一桌围坐吃饭。小刘刚要动手夹菜，小杨急忙阻止："等等，请用公筷！"小刘不耐烦地说："不用那么麻烦吧！反正我们都没生病，不用公筷也没关系。"

你同意小刘的说法吗？请说说你的理由。

____

____

____

读一读

有规律的生活原是健康与长寿的秘诀。

——巴尔扎克

人类所能犯的最大错误，就是拿健康来换取其他身外之物。

——叔本华

凡是有志为社会出力，为国家成大事的青年，一定要十分珍视自己的身体健康。

——徐特立

算一算

请根据健康体重公式，计算自己的身体质量指数，评估自己的体重水平。

健康体重公式：身体质量指数 = 体重（kg）/ 身高（m）的平方

1. 不到 18.5，体重过低；

2. 介于 18.5 和 23.9 之间，体重正常；

3. 介于 24.0 和 27.9 之间，超重；

4. 超过 28.0，肥胖。

做一做

根据自己的体重水平，结合自己的生活习惯，为自己制订一份个人专属健康计划，并严格执行。

1. ______________________________

2. ______________________________

3. ______________________________

4. ______________________________

5. ______________________________

6. ______________________________

3. 新时代展新形象

好习惯知多少

现代社会是一个注重仪容仪表的文明社会，人们通常会从一个人的穿着打扮，看出他的审美水平、文化修养及综合素质。整洁干净、大方得体的形象仪表，是自尊自爱的要求，也是尊重他人的表现。在人际交往中，形象仪表就是一张“名片”，往往先于语言给人鲜明的印象，对人际交往的开展起着重要的作用。新时代的中学生，不仅要注重仪容仪表，还要具备勤奋好学、诚实守信、遵纪守法、尊敬师长等基本素质，并树立有情怀、有思想、有担当、有学识的新时代形象。

好习惯我来讲

做一个有情怀、有思想、有担当、有学识的新时代中学生

1. 有情怀。对于有着5000年文明底蕴的中华民族来说，情怀就是家国，情怀就是群众。正如孟子所云：“天下之本在国，国之本在家，家之本在身。”新时代的中学生，要有“家国天下”的情怀和“舍我其谁”的担当，有了这样的社会责任感，个人的发展才能获得不竭的动力。

2. 有思想。身处信息时代，作为一名中学生，我们要有独立思考的习惯。思考可以打开探索之门，帮助我们明辨是非，带来无穷的乐趣和力量。一个有思想的人，才能积极面对周边的人和事，从容面对得失宠辱，懂得感恩与回报。

3. 有担当。担当是一种品质，是一种境界，更是一种责任和能力。鲁迅先生曾寄语青年：“愿中国青年都摆脱冷气，只是向上走，不必听自暴自弃者流的话。能做事的做事，能发声的发声。有一分热，发一分光，就令萤火一般，也可以在黑暗里发一点光，不必等候炬火。”作为一名中学生，无论力量大小，我们都有自己的一分微光，能照亮他人和社会。

4. 有学识。作为新时代的中学生，我们不能把眼前的教科书当作全世界，而应把全世界当作教科书。比如有意识地关注和了解国内外科学技术进步的成果，深化对“技术进步”与“社会进步”之间的关系的认识，懂得“任何一个国家、民族如果没有技术的进步，就没有

跨越式发展”的道理等。

新时代的中学生，理应用新时代的标尺审视自己，在新征程的熔炉中锻造自己，努力练就更加敏锐的眼光和思维，拓展更加宽广的格局和视野。

小反思

对照新时代“四有”中学生新形象，你觉得自己在哪些方面做得比较好？哪些方面待努力？请在合适的选项后面的括号里画“√”。

有情怀	做得好（　　）	待努力（　　）
有思想	做得好（　　）	待努力（　　）
有担当	做得好（　　）	待努力（　　）
有学识	做得好（　　）	待努力（　　）

好习惯进我心

如何打造形象仪表美

1. 保护自然美。一个人的仪容相貌是天生的，无论长相如何，都是上天赐予我们的一份独一无二的礼物。因此，我们要无条件接纳自己的相貌，养成良好的卫生习惯，保持整洁干净，给人以健康自然、容光焕发的美好印象。

2. 装扮服饰美。为了塑造更加美好的个人形象，我们可以对个人仪容进行必要的修饰、打扮等，达到扬长避短、美化优化的效果。仪容修饰宜端庄大方、简朴自然，忌标新立异。一般来讲，着装打扮要优先考虑与时间、地点和目的相协调。

3. 涵养气质美。我们要通过努力学习，不断提高个人的文化艺术素养和思想道德水准，培养高雅的气质与美好的心灵。

小反思

1. 你平时注重仪容仪表吗？在哪些方面做得比较好？

2. 对照仪容仪表要求，想想自己身上还有哪些可以改进的地方，并说说打算如何改进。

好习惯伴我行

读一读

诵读《弟子规》（节选），了解古人对仪容仪表的具体要求。

冠必正，纽必结。袜与履，俱紧切。

置冠服，有定位。勿乱顿，致污秽。

衣贵洁，不贵华。上循分，下称家。

做一做

请你为本校学生设计一套校服。先画图上色，再以文字作设计说明。

男生装	女生装

比一比

1. 和爸爸妈妈聊聊天，了解他们中学时代的故事。

2. 把你现在的照片和爸爸或妈妈中学时代的照片分别贴在下面两个方框内，仔细观察，看看两个时代的中学生有什么不一样的地方。

3. 你认为当代中学生的新形象“新”在何处？请在照片旁边写上几个关键词。

第 二 章

诚实守信重合作，守礼明理有爱心

1. 诚信赢天下

好习惯知多少

《人民日报》刊文指出：“诚信是公民道德的基石，既是做人做事的道德底线，也是社会运行的基本条件……失去诚信，个人就会失去立身之本，社会就会失去运行之轨。”古往今来，诚信都是社会不可或缺的运行规则，也是中华民族的传统美德。人以诚立身，国以诚立心。倡导诚信，就是倡导以诚待人、以信取人。只有诚信真正成为每个个体的行为自觉，才能构建一个言行一致、诚信有序的社会。

好习惯我来讲

2021年度中国网络诚信十件大事

2022年中国网络文明大会于2022年8月28日—29日在天津举行。

在此期间，大会在“网络诚信建设高峰论坛”上发布了2021年度中国网络诚信十件大事，对过去一年间影响我国网络诚信领域的重大事件进行了系统梳理，涉及打击电信网络诈骗、个人信息保护、网络直播营销及网络交易监督等与群众生活息息相关的内容。具体内容如下：

一、习近平总书记对打击治理电信网络诈骗犯罪工作作出重要指示，为加强电信网络诚信建设指明了方向、提供了遵循；

二、中共中央办公厅、国务院办公厅印发《关于加强网络文明建设的意见》，对深化网络诚信建设作出重要部署；

三、《中华人民共和国个人信息保护法》正式施行，建立健全公民个人信息保护的诚信制度；

四、《网络直播营销管理办法（试行）》发布实施，有力推动了网络直播行业规范发展；

五、《网络交易监督管理办法》正式实施，为构建良好网络交易秩序保驾护航；

六、《电子商务企业诚信档案评价规范》发布实施，为电子商务诚信建设提供基础支撑；

七、深入开展2021“清朗”系列专项行动，有效整治网上乱象；

八、2021中国网络诚信大会成功举办，汇聚各方力量共建网络诚信；

九、2021年“诚信兴商十大案例”发布，助力营造良好诚信营商环境；

十、浙江率先发布平台经济数字化监管系统，监督引导平台商家守法诚信经营。

好习惯进我心

东汉光武帝时期的郭伋官至太中大夫、凉州牧，以勤政爱民著称。有一次他在巡行路上，遇到了几百个骑着竹马的小孩。原来，孩子们知道郭伋要来，非常高兴，便站在路边迎接他。郭伋离开前，孩子们问："使君何日归来？"郭伋计算好日程，告诉了他们自己回来的日期。

后来，郭伋巡视归来，却比原定的日期早了一天。他怕失信于孩子们，于是在野外亭中歇宿，等到预定的日子才进城。

郭伋身份尊贵，却如此看重自己对一群孩子的承诺，实在难能可贵。后来，"郭伋待期"成了信守承诺的典故。

材料一：2020 年 12 月，《光明日报》发布了 2020 年度科技热词，"网络诚信"位列其中。所谓"网络诚信"，是指具有完全民事行为

能力的自然人、法人和非法人组织，在网络空间中尊崇道德、遵守法律、履行契约、恪守承诺的状态。

材料二：截至 2021 年 12 月，我国网民规模已达 10.32 亿。办公、社交、购物、看新闻……许多人的工作和生活与互联网密不可分。但与此同时，互联网上的信息真假难辨、良莠不齐，制造谣言、流量造假、刷单炒信等网络不诚信行为仍然存在，误导公众，侵害群众利益。

材料三：在网上买东西，消费者评价是重要参考之一。不少电商平台也设置了推荐、排名机制，店铺的曝光度、推荐优先级由好评数、销量、搜索量等指标共同决定。有些店铺为了提升“数据”、增加曝光度，采取雇用好评写手等方式，制造了大量虚假评价，试图以此打造“网红”设定，欺骗消费者。随着这种造假方式的逐渐流行，甚至出现了一些专门从事刷单、刷好评业务的机构，他们打着“优化店铺排名”的旗号，向商家提供一整套刷单服务。

小讨论

结合以上三则材料，思考以下问题，并与同学交流讨论。

1. 你遇到过哪些网络不诚信行为？你会采取什么办法维护自己或他人的权益？

2. 你是如何理解“网络诚信”的概念的？

3. 请你写一句倡导网络诚信的宣传语：________________

小调查

你是一个诚信的人吗？

你最信任谁？你在谁面前表现得最诚实？

如果身边的人不讲诚信，你的心情如何？

好习惯伴我行

读一读

言不信者，行不果。

——墨子

诚者，天之道也；思诚者，人之道也。

——孟子

自古驱民在信诚，一言为重百金轻。

——王安石

窃以为天地之所以不息，国之所以立，贤人之德业之所以可大可久，皆诚为之也。

——曾国藩

听一听

讲诚信“三要”

1. 要遵纪守法，尊重社会规则。违法违纪下的“诚信”不可取，那不是真正的诚信。

2. 要表里一致，言行一致，不欺瞒，不做假。

3. 要学会适度自我开放与表达。诚信并不是把自己的信息毫无保留地告知他人，抑或盲目地依赖他人、无条件地相信他人，而是在适度自我开放的基础上，与别人互相支持、互相帮助。

做一做

给自己的“诚信之花”涂上颜色。这朵花有 8 个花瓣，代表 8 分，你觉得自己的诚信可以得几分，就涂上几瓣。选择自己喜欢的颜色，分别为花瓣涂色。

你填涂的颜色有＿＿＿＿＿＿＿＿＿＿＿＿＿＿＿＿＿＿＿＿＿＿＿＿

涂颜色时，你想到了＿＿＿＿＿＿＿＿＿＿＿＿＿＿＿＿＿＿＿＿＿＿

涂上的颜色，象征＿＿＿＿＿＿＿＿＿＿＿＿＿＿＿＿＿＿＿＿＿＿＿

2. 善于合作共享

好习惯知多少

每个人在社会中都不是孤立存在的。在不同群体中，我们都需要他人的支持，也会向他人提供帮助，从而形成良性互动合作的关系。早在 1996 年，OECD（经济合作与发展组织）就曾在其提出的报告中表明："在未来社会的各个领域里，人们需要能够跟不同背景的人进行有效合作。合作，是未来人才所需的核心素养之一。""千人同心，则得千人之力；万人异心，则无一人之用。"可见合作的力量是巨大的。个人在合作中实现成长，家庭在合作中实现和谐，社会在合作中实现发展，整个人类的文明进步也是在合作中实现的。

好习惯我来讲

闽宁携手，合力脱贫攻坚

宁夏的闽宁镇是闽宁协作的结晶。这是 20 世纪 90 年代闽宁镇建设初期的模样。

1996 年 9 月，党中央、国务院作出了包括 4 个计划单列市在内的东部 13 个省（市）结对帮扶西部 10 个省（区）的战略部署，其中，确定福建对口宁夏。当年 11 月，福建成立对口帮扶宁夏领导小组，时任福建省委副书记的习近平担任组长。习近平明确表示，闽宁对口扶贫协作是一项政治任务，要坚决完成。

六盘山连着闽江水。以“优势互补、互惠互利、长期协作、共同

2022 年 3 月的闽宁镇（航拍）

发展”为指导原则，以“宁夏所需，福建所能”为具体指向，一场跨越2000多千米、历时26年的闽宁协作由此展开。

海风吹绿黄土地。26年来，福建累计派出12批206名援宁干部、3800名专业技术人才，累计投入财政资金39亿元。闽宁协作由起步时的单向帮扶拓展为两省区优势互补、共同发展，由资金、教育和医疗资源帮扶延伸至技术研发、市场参与、产业融合，形成了全方位、多层次、广覆盖的深度协作，助力宁夏经济发展、社会进步、民生改善、民族团结。

闽宁两省区沿着习近平总书记指引的方向，一年接着一年干，一步一个脚印，走出了一条战胜贫困、摆脱贫困的正确道路，为我国东西部协作探索了成功经验，有效推动了区域共同发展，充分彰显了中国特色社会主义制度的显著优势。

好习惯进我心

小讨论

材料一：大雁是飞行界的合作高手，它们飞行时常常排成“V”字形。据说，在这样的队形中，前面的大雁拍翅膀时产生的空气动力，能为后面的大雁减少空气阻力；在飞行过程中，前后位置按时交换，这为长途跋涉

排成“V”字形飞行的大雁

的雁群节省了许多体能。还有人发现，排在最前面的大雁负责领路，而且按时更换，轮流“领飞”。通过团队合作，大雁每次飞行可以坚持一两月，从北方飞到南方。

材料二：科学研究发现，非洲有一种专门为受伤的犀牛“疗伤”的犀牛鸟，它们在犀牛伤口上啄食细菌和寄生虫，帮助犀牛缓解疼痛。而这些细菌和寄生虫，正好是犀牛鸟喜欢的美味。犀牛和犀牛鸟完美合作，各取所需。

结合上面两则材料，思考以下问题，并与同学交流讨论。

1. 以上两则材料体现了动物的合作智慧，这对你有什么启发？

2. 你还知道自然界中哪些物种合作共赢的例子？这对人类社会的发展有什么启示？

小链接

合作学习

合作学习就是学习者通过组队合作以达成共同目标的学习方式，包括正式的合作学习、非正式的合作学习和合作学习小组 3 种类型。

合作学习的种类		
正式的合作学习	非正式的合作学习	合作学习小组
●学生们在教师设计的合作规则下共同完成学习任务、作业，以达成学习目标。	●学生们临时（未经事先安排）组成小组，完成一个共同的学习目标。	●长期的、异质的合作学习小组，成员们有明确的相互支持的意愿。

合作学习的好处包括：1. 提供培养合作素养的机会。拥有高合作素养的人，能更好地适应复杂多变的未来。2. 为学习者提供更加丰富的心理体验。独立学习者容易在复杂的学习任务中放弃学习，而合作学习中的学习者则更有可能达成目标，因为他们能从同伴的身上获取心理正能量。3. 通过榜样的激励和有效互动，可以激发学习者的积极学习行为，并让学习者的心态更具可塑性。

——摘自《如何在课堂上落实优秀的小组合作学习，培养学生的合作素养》，作者：陶潜

好习惯伴我行

读一读

积力之所举，则无不胜也；众智之所为，则无不成也。

——《文子》

能用众力，则无敌于天下矣；能用众智，则无畏于圣人矣。

——《三国志》

任何一个人都要人支持。一个好汉也要三个帮，一个篱笆也要三个桩。荷花虽好，也要绿叶扶持。

——毛泽东

听一听

如何在日常工作中与他人开展合作呢？这里有一些建议。

1. 多了解对方的兴趣爱好，从中寻找共同话题，缩短与对方的心理距离。因为合作的前提是彼此之间思想的充分交流和观点的充分融

合，所以寻找彼此之间共同的话题有利于促成合作。

2. 态度要谦逊低调、诚恳踏实，这样才容易赢得他人的好感。

3. 如果有合作可能，要勇敢地站出来，努力促成合作。

4. 说清楚自己的期望和要求，但不要用命令式的口吻向对方表达。

5. 合作中若遇到争吵或矛盾，先自我检讨，再站在别人的立场分析问题，这样才能保证合作顺利进行。

做一做

合作游戏“同舟共济”

规则：在地上放一张报纸，先邀请 5 个小伙伴一起站上去，然后挑战 8 个人、10 个人、11 个人……一直到站不下为止。

思考：在游戏过程中，随着人数的增加，你们用了哪些合作技巧？通过游戏，你对合作有了哪些新的理解？

3. 为人处世，守礼明理

好习惯知多少

中国人讲礼，也讲理。不讲礼，行之不远；不讲理，行之不正。礼不仅指礼貌，它还与“理”密不可分。《论语》有云：“不学礼，无以立。”这里的“礼”包括礼仪、礼貌、规则、道理等内涵，具有规范人的行为、美育人的心理、优化人的意识、陶冶人的情操的作用。而“理”也不仅指人们日常应遵循的道理和准则，还包括天地万物运行规律。做一个守礼明理之人，才能够既把握分寸又不失通达，进退有度，视野广阔，这是古人的理想，也应该成为今人的追求。

好习惯我来讲

曾子避席

曾子是孔子最得意的弟子之一。有一次，他坐在孔子的身边，孔子问他：“古代圣王具有无比美好的品德和最精要的道理，用来教导天下，百姓因此和睦，君臣上下没有怨恨。你知道它们是什么吗？”曾子听了，明白老师要指点他最深刻的道理，于是立刻从坐着的席子上站起来，走到席子外面，恭恭敬敬地回答道：“我不够聪明，哪里能知道？”在这里，“避席”是一种非常有礼貌的行为。当曾子听到老师要向他传授知识时，他站起身来，走到席子外向老师请教，是为了表达他对老师的尊重。后人把曾子讲礼貌、尊敬老师的故事提炼为成语“曾子避席”。

做读书明理之君子

作为晚清时期著名的政治家，曾国藩非常注重“读书明理”。他在咸丰六年（1856）九月二十九日给儿子曾纪鸿的家书中说：“凡人多望子孙为大官，余不愿为大官，但愿为读书明理之君子。勤俭自

持，习劳习苦，可以处乐，可以处约，此君子也。”（《谕纪鸿》）

在曾国藩看来，他不希望子孙做大官，自己也不愿意做大官，他认为读书的目的是明理，要勤俭持家，习惯于劳苦的生活，优越或艰苦的环境都能接受。只有这样，才能成为一个可以自立，不会有骄矜习气，品德高尚，有知识、有文化，对社会有贡献的君子。道光二十四年（1844）五月十二日，曾国藩在写给四个弟弟的家书中说：“吾所望于诸弟者，不在科名之有无，第一则孝悌为端，其次则文章不朽。诸弟若果能自立，当务其大者远者，毋徒汲汲于进学也。”（《致澄弟温弟沅弟季弟》）在曾国藩看来，“大者远者”即为孝悌，这是做人的基本道德；“小者近者”即为科名，这是现实的追求。因此，他主张读书的目的应将“明理”放在最重要的位置，之后再追求“有用”。

——摘自《曾国藩：做读书明理之君子》，作者：李兵

好习惯进我心

一个守礼明理之人，一定是一个讲礼貌的人。对别人礼貌相待，尊敬对方，更容易获得人际优势，建立良好的人际关系。同时，讲礼貌可以给交往双方带来愉悦感、幸福感。

小调查一

1. 如果 0 代表不礼貌，10 代表非常礼貌，请你给自己打个分。
2. 进别人房间之前，你会敲门吗？
3. 别人睡觉的时候，你会大声说话吗？

4. 在公共场所时，你会外放手机视频或音频吗？

5. 吃饭的时候，你会用筷子把菜盘里的菜翻来翻去吗？

一个守礼明理之人，一定是一个讲道理的人。这样的人明辨是非，不惧怕冲突，善于处理矛盾，同时视野广阔、内心通达，善于学习和探索。

四颗糖果的故事

四颗糖果的故事，发生在教育家陶行知先生担任校长期间。一名调皮的男生和同学闹矛盾，居然要动手打那名同学。陶校长刚好经过，及时制止了，并叫那名男生到办公室等他。当陶校长回到办公室时，那名男生正低着头站在那里，等待即将到来的严厉批评。令人意外的是，陶校长不但没有骂他，反而温和地递上一颗糖果："这是奖励你的，因为你比我先到办公室。"正当那名男生诧异之时，他又递上一颗糖果："这也是给你的，我不让你打同学，你立即住手了，说明你尊重我。"男生半信半疑地接过糖果，看着陶校长。这时，陶校长递上第三颗糖果，说道："据我了解，你打同学是因为他欺负女生，说明你很有正义感，我再奖励你一颗糖。"男生既懊悔又感动，哭着说："校长，我错了，同学是不对，但我也不能打人。"陶校长又掏出第四颗糖果："你已认错了，

我再奖励你一颗。我的糖发完了，我们的谈话也结束了。”

面对犯错的学生，陶行知先生没有严厉呵斥甚至处分，而是耐心地、一层一层地讲道理，充分做到了以理服人。

小调查二

1. 当老师或家长跟你讲道理时，你的反应是什么？
2. 当你和同学发生矛盾时，你会耐心地和对方理顺事情的经过吗？
3. 在你的生活中，让你印象最深的有关讲道理的事情有哪些？
4. 你是怎么看待日常生活中的“抬杠”这种事的？

好习惯伴我行

学一学

在人际交往中，很多人习惯于从自己的角度思考问题、表达需求，因此难免产生冲突。如果冲突的双方都沉溺于自己的情绪和需要中，就容易得理不饶人，将说理变成“强词夺理”。那么，我们该如何学会说理，不让矛盾升级，真正做到“理”让呢？

一、先处理自己的情绪

处于冲突中的双方，容易积累和叠加消极情绪（如愤怒、委屈、不甘等），这可不是说理的好时候。因此，可以先做个深呼吸，不要急着表达观点，尝试用自己喜欢的方式平复情绪。

二、多角度看待问题

梳理整件事的来龙去脉，尽量减少误解和误会。学会包容地、多

角度看待问题。

三、换位思考

学会站在对方的立场上思考问题。我们可以从情绪、需求、解决方法等方面进行换位思考，比如问一问自己：对方的情绪如何？我希望对方这样做，那么对方对我又有什么样的要求和期待呢？怎么做才能满足双方的需求？……学会换位思考，能让彼此多一份谅解和宽容，将冲突降到最小。

换位思考需求表

	情绪	希望	不希望	可以这样说
我				
对方				

4. 有爱心，甘奉献

好习惯知多少

爱与奉献，是生命的主题，是心理正能量的传递，是社会发展、人类进步的情感动力。爱与奉献密不可分，奉献正是源于对个人、社会、国家、世界的爱。爱是生命的火焰，没有它，一切将变成黑夜。有爱心的人，能够在自己的能力范围内积极帮助他人。拥有爱心，是人类的本能，我们有爱的能力，也有爱的需求。奉献是生命的底色，是个体生命价值最高的体现。奉献增加了生命的厚度，所有的善良、坚持和付出，都闪耀着永恒之光，让有限的生命绽放异彩。

好习惯我来讲

“人民的保护神”——“漳州 110”

2021 年 1 月 10 日，在首个“中国人民警察节”到来之际，中共中央宣传部向全社会公开发布福建省“漳州 110”的先进事迹，授予他们“时代楷模”荣誉称号。

福建省“漳州 110”，全称为“福建省漳州市公安局巡特警支队直属大队”，1990 年引领全国建立 110 报警服务台和快速反应机制，实现了打击犯罪、维护治安、服务群众功能的有效整合，赢得了当地党委政府的充分肯定和人民群众的高度信赖。百姓亲切地称颂道“远亲不如近邻，近邻不如漳州 110”。中宣部当时会同有关部门，将“漳州 110”作为全国重大典型进行宣传，在全社会引起广泛深远影响。进入新时代，“漳州 110”认真学习习近平总书记关于公安工作系列重要论述精神，坚持党建引领，筑牢忠诚警魂，深化警务机制改革，着力打造“漳州 110”升级版，积极拓展建立网格治理“社区（乡村）110”，进一步提升打击犯罪和服务群众的整体效能，有力推进基层社会治理体系建设，不断增强人民群众获得感、幸福感、安全感。

多年来，“漳州 110”始终牢记习近平总书记“人民的保护神”的殷切嘱托，忠贞不渝、初心不改，创新不止、奋斗不息，成为人民心中“工作最苦、坏人最怕、百姓最爱、形象最好”的先锋警队，先后三次荣立集体一等功，获得“全国先进基层党组织”“全国人民满意的公务员集体”“全国文明单位”等 48 次省部级以上集体表彰。党的十八大以来，“漳州 110”积极探索新时代警务改革新模式，形成“以人民为中心，做人民的保护神”为核心内涵的新时代“漳州110”精神，焕发新时代光彩。2021年，“漳州110”事迹展览馆被评为“习近平新时代中国特色社会主义思想实践示范基地”，成为福建省党史学习教育参观学习点。

“漳州110”的先进事迹宣传报道后，在社会上引起热烈反响。广大干部群众认为，“漳州110”是忠实践行习近平总书记“对党忠诚、服务人民、执法公正、纪律严明”总要求的优秀公安基层单位代表，是新时代人民美好幸福生活的守护者，是基层社会治理体系和治理能力现代化建设的践行者。他们的先进事迹，集中体现了人民公安对党忠诚、听党指挥的政治品格，一切为了人民、一切依靠人民的价值追求，改革强警、锐意创新的奋进精神，克己奉公、无私奉献的良好形象。

好习惯进我心

有人说，我为什么要奉献？把属于自己的东西白白给别人，不是吃亏了吗？其实，奉献不是讨好，不是吃亏，不是压抑自己，不是忽略自己的需求，也不是为了讨好别人而不得不忍让。奉献是自我价值表达和实现的重要方式，“给”永远比“拿”更让人快乐。奉献的过程，也是与他人建立有意义的联结的过程。

小调查一

1. 你做过哪些可以称之为“奉献”的事情？

2. 你参加过学校或社区组织的公益活动吗？
3. 当你为灾区捐款捐物的时候，你是什么心情？

服务人民、奉献社会的雷锋叔叔

“一方有难，八方支援”，只要人人都献出一点爱，世界将变成美好的人间。在岁月的长河里，雷锋叔叔每时每刻都把人民当成自己的亲人，只要人民有困难，雷锋叔叔都会第一时间伸出援助之手。翻开雷锋叔叔的日记，里面写满了他对别人的帮助，字里行间中闪耀着他那颗火热的心。

旧社会里，人们连吃顿饱饭都成问题，更别提读书识字了。1956 年，为了提高全民文化知识水平，雷锋的家乡开展了扫盲运动。当时的雷锋正上小学六年级，已经识得不少字了。因为缺乏老师，雷锋便与同学们主动承担起夜校的教学任务。

为了不耽误给夜校的“学生”上课，雷锋每天放学回家后，胡乱扒几口饭，便抓起书本往夜校赶。还别说，雷锋上起课来非常严谨认真，还真有“小老师”的模样呢！课堂上，雷锋一丝不苟地教大伙写字，认认真真地纠正每个人的错误读音。就这样，在雷锋的带动下，大伙儿学习热情高涨，年底时，村里的夜校还在县里组织的夜校评比中荣登榜首呢！乡亲们都朝雷锋竖起了大拇指。不过，雷锋可一点都没有沾沾自喜，他想：我吃过没文化的苦头，乡亲们学文化有困难，自己理应伸出援手。

好习惯伴我行

读一读

如果一个人只为自己劳动，他也许能够成为著名的学者、伟大的哲人、卓越的诗人，然而他永远不能成为完美的、真正伟大的人物。

——马克思

一个人的价值，应该看他奉献了什么，而不应当看他取得了什么。

——爱因斯坦

如果我们想交朋友，就要先为别人做些事——那些需要花时间、体力、体贴、奉献才能做到的事。

——卡耐基

做一做

请你设计一张“日行一善”记录表，邀请好朋友一起参加打卡活动。

“日行一善”记录表

时间	地点	事件
月　日		
月　日		
月　日		
月　日		
月　日		
月　日		

第 三 章

遵规守纪成方圆，勤奋学习知上进

1. 守规则，知敬畏

好习惯知多少

《人民日报》刊文指出：“无论技术怎样进步、社会如何发展，规则都是‘基础设施’。”没有规则，秩序就无从谈起；有了明确的规则，才能框定“有所为，有所不为”的行动边界。从“考试不能舞弊”的考场纪律，到国家的成文法律，各类规则推动着现代社会正常运转。除此之外，历史规律、自然法则也是推动人类进步的“天之道”。对于规则，我们要有敬畏之心，不要妄图通过找规则的漏洞来满足一己私利。只有人人树立规则意识、具备守则能力，常葆一颗敬畏之心，我们的社会才能更加有序、更加文明，人类才能拥有更好的未来。

好习惯我来讲

一支睡在马路上的军队

1949 年 5 月 27 日，持续了 15 天的上海战役终于结束了，上海全面解放。

就在枪声停息后的第一个清晨，市民们依然惶惶不安，可当他们打开家门那一刻，他们被眼前的景象深深感动了——湿漉漉的马路两侧睡满了身着黄布军装的解放军战士。

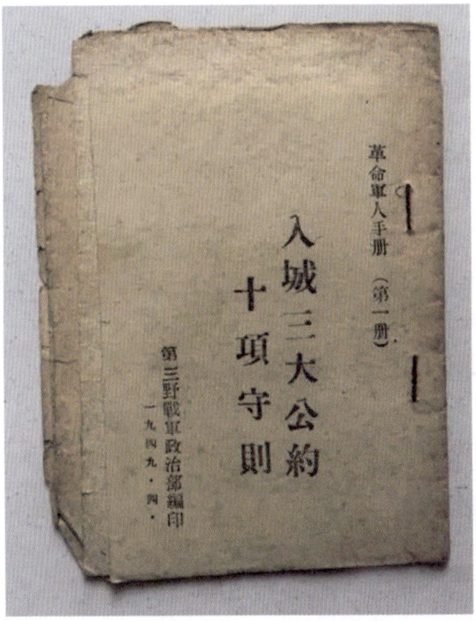

原来，早在 4 月 1 日，上海战役发起前，身为第三野战军司令员的陈毅就颁布了《入城三大公约十项守则》，十项守则的第二条白纸黑字写着，进城后一律“不住民房店铺”。

5 月，陈毅在苏南丹阳发表讲话，明确指出：入城纪律是执行入城政策的前奏，是我们解放军给上海人民的见面礼。

这条纪律制订之初，很多指战员并不理解。陈毅始终坚持认为上海情况复杂，不能将过往经验完全照搬。陈毅将自己的意见和看法电告上海战役总前委，邓小平、刘伯承等前委委员一致赞同他的意见，并电告中共中央军委，很快就收到了毛泽东的电报批示，只有 8 个字：很好，很好，很好，很好！

好习惯进我心

小调查

你会在上课的时候随意讲话吗？

你会在上课的时候睡觉吗？

等公交车时，你会插队吗？

如果跟别人约定了见面时间，你会准时赶到吗？

你是否有时会产生破坏规则的侥幸心理？

小讨论

有人把自由视为不受限制、没有约束，或者少受限制、鲜有约束，认为规则是对自由的干涉。你怎么看待这种观点？

在当代中国，自由是社会主义核心价值观的重要内容，也是社会发展进步的活力之源，崇尚自由、包容多样、尊重创造的价值观念已经深入人心。但必须明确的是，自由不是想做什么就做什么，无所限制的自由必然是扭曲的，也是不真实的。俗话说“没有框的玻璃容易碎”，没有规则的约束，自由就如同脱缰野马，最终将走向自由的反面。

小故事

一日，明太祖朱元璋问诸大臣：“天下谁人最快活？”有

人回答“功高盖世者”，有人回答“地位显赫者”，有人回答“金榜题名者”，还有人回答“富甲一方者”……朱元璋听后都不满意。大臣万钢答道：“敬畏法度者最快活。”此言一出，朱元璋大悦，称赞万钢的见解非常独到。

“知敬畏，行有止”，作为社会的一员，每个人都应该敬畏道德、敬畏法律。从更大的时空意义上说，我们还要敬畏历史、敬畏自然。

●敬畏历史：历史是支撑一个国家文化的必要架构，承载着深沉的民族记忆。只有敬畏历史，才能看清来路，读懂当下，不负未来。

●敬畏自然：人与自然是一个共同体。人类源于自然，人类与自然的命运是天然连在一起的。只有敬畏自然，才能敬畏生命、敬畏万物，才能让人类真正走向可持续发展。

好习惯伴我行

读一读

君子有三畏，畏天命，畏大人，畏圣人之言。

——《论语》

畏则不敢肆而德以成，无畏则从其所欲而及于祸。

——《呻吟语》

凡善怕者，必身有所正，言有所规，行有所止，偶有逾矩，亦不出大格。

——方孝孺

秩序是自由的第一条件。

——黑格尔

辨一辨

下面几个观点正确吗？为什么？请你谈谈自己的观点。

1. 校园是我家，管理靠大家。所以，我要时刻监督同学遵守纪律。

2. 年轻人难免犯错，没有什么是不能原谅的。所以，我们犯一点小错误时，学校也不必小题大做。

3. “没有规矩，不成方圆。”我一定要谨小慎微，时刻想着不能犯错，在学校做一个一声不吭、什么活动都不参加的老实人。

______

______

______

写一写

“敬畏”不是恐惧，不是由畏而敬，而是一种深刻理解、高度赞同后的发自内心的认同和坚守，是一种由敬而生的尊重。人要想走得更远，就要具备一颗敬畏之心。敬畏之心，是公民立足社会的基础和责任。一个人只有有了敬畏之心，才能把握行为的方向、准则和规范，才能约束自我，不做出格和越轨之事。

请你结合实际生活，发挥自己的聪明才智，围绕“心存敬畏”写几句宣传语。

______

______

做一做

公园里有一个运动场，平时常有附近居民到里面跑步或打篮球。最近，一群退休老人总是在傍晚时分来到运动场跳广场舞。老人们热情很高，跳得格外尽兴，音响外放声音很大，还长时间占用场地。

针对这一现象，请你根据所学知识，帮助公园管理处制订一项场地使用规则，写在下面的方框内。注意措辞，既要把事情说清楚，又要尊重老人。

2. 越自律，越自由

好习惯知多少

“解决人生问题的首要方案，是自律。缺少了这一环，你不可能解决任何麻烦和困难。”说起自律，有些人觉得这是一种颇令人不快的约束，是对自由的捆绑。其实不然，合理的自律不会给人压迫感、痛苦感，它是内心自我选择后的坚定，是一个人自发性的自我管理。当我们发自内心地认可乃至热爱一件事时，自律就会变成本能。我们也将因为自律而收获快乐和满足，遇见更好的自己。

好习惯我来讲

司马光的“警枕”

北宋著名政治家、史学家、文学家司马光，出生于官宦世家，他

从小机智过人，勤奋好学，20岁时就考上了进士，从此步入仕途。司马光为官清廉，公务之余常常发愤读书，他还立志要编写一部通史，总结历史经验和教训，供后人借鉴。

为了节省时间多读书写作，司马光特意为自己制作了一个圆木枕头。这个圆木枕头的妙用是——睡觉时，只要身子稍微翻动，枕头就会滚动，人也就会惊醒。每次惊醒后，司马光都会马上起身，继续挑灯夜读，执笔写作。

自律的司马光就是这样不断地磨砺意志。经过19个寒来暑往锲而不舍的耕耘，司马光终于完成了编年体通史《资治通鉴》这一鸿篇巨制的编写工作，成为名扬千古的著名史学家。

好习惯进我心

小调查

每天起床的时候，你会拖拖拉拉吗？

写作业的时候，你会中途出去玩耍吗？

你会无节制“自由”地玩手机吗？

在自律这件事上，你遇到的最大的“拦路虎”是什么？

徐溥储豆律己

明代学者徐溥少年时期就性格沉稳，举止老成。徐溥效仿古人，不断地检点自己的言行，他在书桌上放了两个瓶子，分别贮藏黑豆和黄豆。每当心中产生一个善念，或是说出一句善言，做了一件善事时，便往瓶子中投一粒黄豆；相反，若是言行有什么过失，便投一粒黑豆。刚开始时，黑豆多、黄豆少，徐溥就不断地反省并激励自己；渐渐地，黄豆和黑豆数量持平，徐溥就再接再厉，更加严格地要求自己；久而久之，黄豆越积越多。凭着这样的持久约束和激励，徐溥不断修炼自我，完善品行道德，终于成为德高望重的一代名臣。

小讨论

说到自律，很多人会进入一个误区，认为强度是自律的核心。

决定早起，便设定凌晨 4 点的闹钟；决定减肥，便选择节食加高难度运动……兴冲冲立目标，却因为强度太大，内心产生了畏难情绪。如此，第一步都很难跨出，更不要提长期自律了。

每个人都有自己的自律区间，过高强度的自律只会适得其反。量力自律，是敲开自律大门的正确方式。开启自律时，给自己定一个低强度目标，更容易让自律无压力地走进我们的生活。不要强迫自己做一个完美的人，适度的弹性可以帮助我们释放压力，让自律不再痛苦。

——摘自《人民日报》公众号：《自律的最高境界，是成为习惯》

阅读以上材料，展开思考，并和同学讨论：

1. 你是否遇到过上述“自律误区”？

2. 你是如何理解“弹性自律”这个概念的？

3. 以背单词为例，如何制订适合自己的“弹性计划”？

好习惯伴我行

读一读

正己而后可以正物，自治而后可以治人。

——岳飞

不奋发，则心日颓靡；不检束，则心日恣肆。

——朱熹

哪怕对自己的一点小小的克制，也会使人变得强而有力。

——高尔基

做一做

提升自制力的5个方法

1. 不要让“习惯性拖延”欺骗你的大脑。比如有的人总喜欢告诉自己，再打10分钟游戏就开始学习，结果无数个“10分钟”过去了，书本一页也没翻动。当遇到这种情况时，请告诉自己：“必须完成学习任务才能娱乐。”

2. 坚持完成计划内的任务，不超标。千万不要心血来潮一天完成过多任务，这样会透支大脑的满足感。

3. 学会“以退为进”。比如你的数学成绩较差，平时的练习要以基础题为主，不要强迫自己做太难的题。

4. 允许自己休息一会儿。要学会选择适合自己的休息方式（比如散步、聊天、听音乐、发呆……），设置合理的休息时间。

5. 适时给自己一些奖励。比如坚持计划数天后，奖励自己休息半天；或者实现某一个阶段小目标后，奖励自己看一场电影、买一个心仪的小物件……总之，让大脑尝到“甜头”，能更好地坚持到底。

自律达人的法宝

1. 愿望盒。列出自己的梦想清单，然后细化成具体行动目标，根据轻重缓急确定自己做事的顺序。

2. 番茄钟。使用“番茄工作法”，选择一个待完成的任务，将番茄时段设为25分钟。在这25分钟内，不允许做任何与该任务无关的事，直到番茄时钟响起，然后短暂休息一下（5分钟即可），再开始下一个番茄时段。每4个番茄时段间多休息一会儿。

3.“21 天”打卡。心理学理论表明：一个新习惯要保持下来，都要经历一段“习惯养成期”。一般来说，这个“习惯养成期”是 21 天。也就是说，至少要坚持 3 周左右，大脑才能将新习惯视为日常活动。可以设计一份“21 天”打卡计划表，为养成新习惯、遇见更好的自己不断努力。

3. 目标明确不迷失

好习惯知多少

“没有目标而生活，恰如没有罗盘而航行。”目标的力量是无穷的，中学生有了奋斗目标，学习、生活才会因此变得充满意义，增添更多的活力与激情，自身隐匿的潜能也会得到充分激发。

目标通常可以分为长期目标（比如理想、志向）、中期目标（比如学完一门功课、考上一所好学校）、短期目标（比如阅读一本书、完成一份调查）。制订目标时不要好高骛远，要能落到实处，将一个大目标拆解成若干个小目标，一步一个脚印地完成，让每一个小目标成为通向理想人生的坚实阶梯。

好习惯我来讲

看得见、够得着的目标

1952 年 7 月 4 日清晨，加利福尼亚海岸下起了浓雾。在海岸以西 34 千米的卡塔林纳岛上，一个 43 岁的女人准备从太平洋游向加州海岸。她叫费罗伦丝·查德威克。

那天早晨，雾很大，海水冻得她身体发麻，她几乎看不到护送她的船。15 个小时之后，她又累又冻得发麻。她知道自己不能再游了，就叫人拉她上船。她的母亲和教练在另一条船上。他们都告诉她海岸很近了，叫她不要放弃。她朝加州海岸望去，除了浓雾什么也没看不到……

最后人们拉她上船的地点，离加州海岸只有 800 米！后来她说，令她半途而废的不是疲劳，也不是寒冷，而是她在浓雾中看不到目标。

目标要看得见、够得着，才能成为有效目标，才能帮助人们获得自己想要的结果。

好习惯进我心

小调查

你能明确说出自己的学习目标吗？

在目标制订的过程中，你遇到过哪些困惑？

在目标制订的过程中，你会向老师、家长寻求帮助吗？

如果目标没有实现，你会寻找原因、持续改善吗？

有一个马拉松运动员，在每次比赛之前，他都要乘车把比赛的路线仔细地看一遍，并把沿途比较醒目的标志画下来。比赛开始后，他就奋力向第一个标志冲去，到达第一个标志后，又以同样的速度冲向第二个……漫长的赛程被他分解成几个小目标，跑起来就轻松多了。

目标是需要分解的。最终目标和绩效目标（即一个个小目标）同样重要。当目标被清晰地分解，目标的激励作用才能落到实处。每实现一个小目标，就积累了一份成就感，我们也能越来越自信地奔向目标的终点。

小链接

学会制订学习目标

对中学生而言，用学习目标进行自我管理可以提升对自己的认知和自律。所谓学习目标，就是完成学习任务的愿望和要求等，通常由中期目标（如一学期的学习目标）和短期目标（如一个单元的学习目标）组成。在制订学习目标时，首先要对自己的学习实力有明确的了解。此时我们可以找老师帮忙，对自己的学习实力进行评估，以便精准制订适合自己的学习目标。

一个合理的学习目标至少需要满足如下四个条件。

1. 有场景。即“学以致用”，所学知识能够有场景验证。

2. 有距离。学习目标与我们的现状必须有一定距离，属于“跳一跳，才能够得着”的类型。千万别制订“怎么跳都够不着”的高难度目标，那样反而会降低我们的行动积极性。

3. 有抓手。学习目标必须是具体可实施的，包括以下几点：（1）明确开始和结束的时间；（2）有具体的执行动作，比如将一年读 20 本书具体化为每天晚上看半小时书；（3）明确执行动作的完成度，比如：书读到什么程度才算入眼入心？是完成 20 篇读书笔记，还是能把书里的内容清楚明白地讲给别人听？

4. 有阶梯。为实现终极目标而设定阶梯目标。比如为了完成一年读 20 本书的目标，刚开始每月读一本，随着阅读经验的积累、阅读能力的提高，每月可读 2 ～ 3 本书。

好习惯伴我行

读一读

在一个崇高的目标支持下，不停地工作，即使慢，也一定会获得成功。

——爱因斯坦

确定了人生目标的人，比那些彷徨失措的人，起步时便已领先几十步。有目标的生活，远比彷徨的生活幸福。

——卡耐基

人活着要有生活的目标：一辈子的目标，一段时间的目标，一个阶段的目标，一年的目标，一个月的目标，一个星期的目标，一天、一小时、一分钟的目标。

——列夫·托尔斯泰

做一做

SMART 目标管理原则

所谓“SMART”目标管理原则，指的是设定的目标必须是具体的、明确的（specific）、可衡量的（measurable）、可达到的（attainable）、有关联的（relevant），以及有时间限制的（time-bound）。

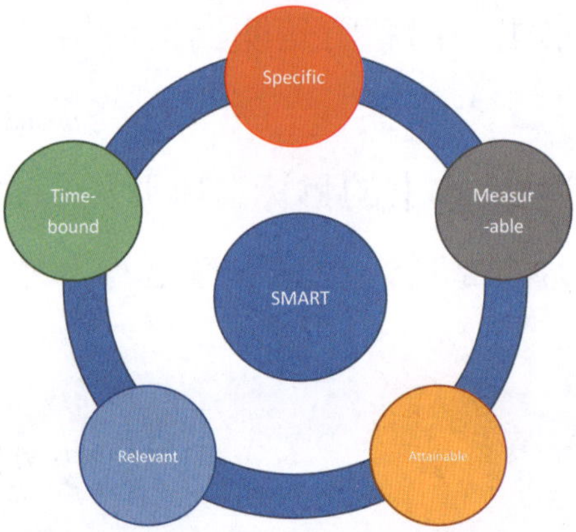

1. 设定的目标要清晰明确。越具体、务实的目标，执行起来心里就会越有底，获得的结果也会越清晰、越

明确。比如将“提高英语水平”的目标明确为“期末考时英语成绩提高 10 分”。

2. 设定的目标是可以量化或者行为化的。比如将“期末考时英语成绩提高 10 分”的目标分解为“每天背 20 个单词”“每天做一篇阅读理解”“每周写一篇作文”等。

3. 设定的目标在付出努力的情况下是可以实现的，避免设定过高或过低的目标。

4. 设定的目标要具有相关性，即此目标与其他目标有所关联。

5. 设定的目标是有一定完成期限的。如果没有时间限制，那么基本上有两种结局：一是目标不重要，慢慢被放弃；二是目标实现的难度不断增加，导致产生焦虑等负面情绪。

请你尝试着根据 SMART 原则，设计一份学习目标。

SMART	分项描述	备注
S=specific		
M=measurable		
A=attainable		
R=relevant		
T=time-bound		

4. 勤勉上进不畏难

好习惯知多少

苏联著名教育家苏霍姆林斯基认为：“教育技巧的全部诀窍就在于抓住学生的上进心，这是种道德上的自勉。要是学生自己不求上进，不知自勉，任何教育者都无法在他的身上培养良好品质。”上进心相当于努力奋进的“发动机”，也就是我们常说的“主动进取精神”。拥有上进心，就有了“不屈不挠”“不服输”“永不言败”的精神，就有了力争把事情做到最好的动力，就有了主动学习的强烈欲望。

其实，青春的身体里，涌动着拔节成长的旺盛的生命力，这让上进成为一种本能。拥有上进心并不难，难的是持续地拥有，因为上进之路上难免遇到困难和诱惑。中学生要掌握一些克服困难和抵制诱惑的科学方法，让上进成为人生的习惯。

好习惯我来讲

王羲之练习书法

王羲之7岁时拜女书法家卫铄为师，一直学到12岁，虽然大有长进，但他总是觉得不满意。

13岁那年，王羲之偶然发现父亲藏有一本家传的《说笔》，便求父亲赐书。父亲担心他年幼不能妥善保管家传，想等他长大后再将书传给他。没料到，王羲之竟向父亲下跪，父亲被他的诚心打动，便答应了他的要求。

王羲之练习书法十分刻苦，甚至连吃饭、走路时都不忘练习。手上没有纸笔，他就在身上画着写，久而久之，衣服都被划破了。有一次，王羲之练字练到忘了吃饭，家人把饭菜送到书房，他竟用馍蘸着墨吃起来，还吃得津津有味。待家人再次来到书房时，只见他早已满嘴黑墨。

为了练好书法，每到一个地方，王羲之都要跋山涉水四下钤拓历代碑刻，积累书法学习资料。他还在书房里、院子里、大门边甚至厕所外面摆上凳子，放上笔墨纸砚，每想到一个结构精妙的字时，都能马上写在纸上。

王羲之还常常临池书写、就池洗砚，时间长了，池水尽墨。如今，浙江绍兴兰亭、浙江永嘉西谷山、江西庐山归宗寺等地都有被称为“墨池”的名胜，那些地方都是王羲之用过的洗砚池。

好习惯进我心

小调查

你眼中的上进心包括哪些内容？

你对自己的未来职业有规划吗？

你会不断调整自己的奋斗目标吗？

你在上进之路上都遇到过哪些困难？又是如何克服的？

10分钟的魔力

有位语文老师钢琴弹得特别好，尤其是《致爱丽丝》这支曲子弹得非常动听。她的学生向她请教：“学习弹《致爱丽丝》需要多长时间？”这位老师微笑着回答：“10分钟。”学生不相信。“是真的，不过我说的是每天10分钟。”老师说。

原来，学校的琴房里有一架无人问津的钢琴，教语文的她便成了这架钢琴的主人。每次课间10分钟，她都要到琴房里练练——从最简单的音阶开始。不过，她每次都只有10分钟时间，10分钟之后，上课铃声响起，她就得停止。如此坚持了3年，她的演奏水平已经相当高了。

小链接

产生畏难情绪的原因和克服方法

畏难情绪其实是一种逃避心理，这在上进之路上非常常见。产生畏难情绪的人，往往在遇到困难时采取退缩、躲避、迂回的态度，缺乏直面困难的勇气，不能积极主动地解决问题，甚至无意识中放大了困难。产生畏难情绪，通常有以下原因：

1. 任务的难度高于个人的实际能力；

2. 对完成任务没有制订详细的计划；

3. 曾经的失败带来的挫败感和抗拒感。

我们应如何克服畏难情绪呢？

1. 转变思想。产生畏难情绪后，我们的大脑很容易被“我不能”“我不行”这样的想法所控制，甚至产生自暴自弃的心理。遇到这种情况时，要对任务进行分析，不要轻易对自己下消极判断。

2. 适当降低任务难度。将任务难度降低到“跳一跳就够得着”的程度，让自己恢复战胜困难的信心。

3. 通过制订计划梳理、分解任务。把“大任务”分解成若干个“小任务”后，我们会感觉肩上的担子一下子轻多了，也就有了信心。

好习惯伴我行

读一读

勤能补拙是良训，一分耕耘一分才。

——华罗庚

铁是愈锤炼愈坚韧的。

——闻一多

你想成为幸福的人吗？但愿你首先学会吃得起苦。

——屠格涅夫

做一做

培育“上进小树”：用卡纸绘制一棵小树，将小树分为树根、树干、一层级树冠、二层级树冠等几个层级，具体层级数目依据个人目标需求而定。

1. 梦想是树根。在树根部分写上自己的梦想、目标，如心仪的职业、向往的大学等。

2. 执行是树干。目标要落地，行动来决定。唯有树干才能撑起一棵树。把目标具体化为每日的行动，不求全面，但求可操作。

3. 坚持是树叶。无叶不成荫，一片一片的叶子就像每个奋斗的日子。开启“树叶打卡”模式——成功坚持一天，便在树上画一片叶子。我们还可以根据自己的情绪状态，给叶子涂上喜欢的颜色。

4. 情绪是养料。在上进小树的旁边，画一个敞口的“营养袋”，学习过程中的各种情绪、想法、观点都可以写进去。例如，今天的学习不在状态，想玩手机或者做其他事情，后来我是怎样说服自己继续学习的……记录类似的心路历程，能够增强我们的学习意志力。

第四章

勤俭节约爱劳动，理解万岁懂感恩

1. 勤俭节约，持续发展

好习惯知多少

“节约与勤勉是人类两个名医。”勤俭节约不仅是一种生活方式，一种“待物之德”，也是一种人格修养之道。一个勤俭节约的人，是一个懂得自我约束的人，致力于追求人格的丰满和精神的强健，不容易被琳琅满目的物质迷了双眼；一个勤俭节约的人，是一个懂得感恩的人，感恩大自然和社会的馈赠，珍惜身边所有的一切；一个勤俭节约的人，还是一个吃苦耐劳、敢于直面困难的人，哪怕面对困顿，也以朴素而坚定的姿态迎接生活的挑战。同时，一个崇尚勤俭节约的社会和国家，也一定能够获得可持续发展，造就绵延不绝的灿烂文明。

好习惯我来讲

房梁挂钱

北宋元丰三年（1080），苏轼被贬到黄州任团练副使。由于薪俸少了许多，苏轼的日子变得十分艰难。后来，在朋友的帮助下，苏轼得到住地东面山坡上的一块菜地，便自己耕种起来，并因此自号“东坡居士”。

为了不乱花一文钱，苏轼还实行计划开支：先把所有的俸禄算出来，然后平均分成 12 份，每月用一份；每份又平均分成 30 小份，每天只用一小份。钱全部分好后，按份挂在房梁上，每天清晨取下一包，作为全天生活开支。拿到一小份钱后，苏轼还要仔细权衡，能不买的东西坚决不买。积攒下来的钱，苏轼就把它们存在一个竹筒里，以备不时之需。

好习惯进我心

小调查

1. 在饭店吃饭时，你是否有打包的习惯？
2. 家中的剩饭剩菜，你认为应该如何处理？
3. 你会经常更换文具吗？哪怕它们并没有损坏。
4. 你会节约用电、用水、用纸吗？

小常识

节约不仅是道德要求和社会规范，也是法律要求和法律规范。

《中华人民共和国未成年人保护法》第三十二条规定：学校、幼儿园应当开展勤俭节约、反对浪费、珍惜粮食、文明饮食等宣传教育活动，帮助未成年人树立浪费可耻、节约为荣的意识，养成文明健康、绿色环保的生活习惯。

徐特立在湖南第一女子师范学校当校长时，从不用新粉笔，用的都是每天巡视校园时捡来的粉笔头。有学生觉得徐特立太“小气”，不明白他为什么如此爱惜“没有多大用处”的粉笔头。徐特立的回答是，积少成多，集小成大，也可以节省一点办公费用。为此，徐特立还特意写了一首诗教育学生：“半截粉笔犹爱惜，公家物件总宜珍。诸生不解余衷曲，反谓余为算细人。”

这样的“算细人”，在今天依然值得提倡。勤俭节约不分公私，所有物件都应该珍惜爱护，因为它们或是大自然的馈赠，或是劳动人民的创造。只有勤俭节约、精打细算、物尽其用，才能实现可持续发展。

好习惯伴我行

读一读

俭，德之共也；侈，恶之大也。

——《左传》

静以修身，俭以养德。

——诸葛亮

历览前贤国与家，成由勤俭破由奢。

——李商隐

一粥一饭，当思来处不易；半丝半缕，恒念物力维艰。

——《朱子家训》

议一议

谁知盘中餐，粒粒皆辛苦。餐饮浪费不仅意味着粮食本身的浪费，更意味着所投入的水、土地、能源以及其他生产资料的无效消耗。以下是一组触目惊心的数字：

据统计，我国每年仅在粮食存储、运输和加工环节造成的损失浪费就达到3500万吨，接近全年粮食总产量的6%；

每年在餐桌上浪费的粮食价值高达2000亿元，被倒掉的食物相当于2亿人一年的口粮；

每年约消耗掉450亿套一次性餐具，这意味着每天用掉近1.3亿双一次性筷子，相当于平均每天砍伐6.67万平方米林地……

面对资源相对不足、生态环境脆弱的现实国情，我们必须时刻保持艰苦奋斗的精神、勤俭节约的作风。“常将有日思无日，莫待无时思有时”，珍惜一丝一缕，节约一粥一饭，才能凝聚起抵御风险的深厚底气和迎战困难的强大力量。

1. 你的身边是否存在浪费粮食、水电、纸张等现象？

2. 为什么会存在这些现象？这些行为会产生哪些危害？

3. 坚持“光盘行动”，使用节能灯，少用空调多开窗，拒绝快递、外卖的过度包装，外出用餐自备便携餐具和饮水杯，购物时自带环保袋……这些都是我们可以采取的“节约小妙招”。你还知道哪些节约小妙招呢？请和同学分享一下。

做一做

请你为节约（如粮食、水电、纸张、时间）画一张海报，或写一份倡议书。

2. 热爱劳动，用心耕耘

好习惯知多少

习近平总书记指出：“人类是劳动创造的，社会是劳动创造的。劳动没有高低贵贱之分，任何一份职业都很光荣。”崇尚劳动、尊重劳动、热爱劳动，是中华民族的传统美德。个人的美好梦想，国家的美好未来，只有通过勤勉劳动才能实现；前进路上的一切难题，只有通过踏实劳动才能破解；整个人类辉煌的文明，无不建立在代代传承的劳动精神的基础上。我们要树立正确的劳动观，切实认识劳动的价值，尊重每一个劳动者，真正以劳动为荣，上好劳动这门人生“必修课”。

好习惯我来讲

白求恩制作“卢沟桥”

1938 年 1 月，白求恩来到中国，就立刻赶往抗日前线的战地医院。当时，战斗激烈，前线医院条件艰苦，药品和医疗器械大量匮乏。

怎么办呢？“我们自己动手干！”白求恩斩钉截铁地回答。当地的军民都被动员起来，大家忙着粉刷病房，制作简易床和工作服。

夜深人静，白求恩又伏在他那张简陋的工作台上反复思考着：医疗队有大量药物和手术器械需要由牲口驮运。怎样才能使药瓶子不被撞碎或打翻呢？白求恩熬了好几个通宵，终于画出了制作简易药架的草图。

白求恩笑着说：“一个战地医生，就应学会木工和铁匠的手艺，才能根据伤员的需要改善医疗设备。”很快，这种特制的简易药架制成了，因为形状像一座桥，白求恩诙谐地称之为“卢沟桥”。

好习惯入我心

小调查

1. 你为家人做过饭吗？

2. 轮到你值日时，你会有逃避心理或应付心理吗？

3. 劳动仅仅是洗衣、做饭、打扫房间吗？你是如何理解“劳动”的？

4. 你体验过劳动带来的乐趣和成就感吗？请举一个例子。

小链接

“三牛”精神

“牛”在中国文化中是勤劳的象征，它曾作为农耕时代主要的生产力，与人类一起创造了灿烂的农耕文明。可以说，牛一直就是努力耕耘、认真尽职的代名词。

在全国政协2021年新年茶话会上，习近平总书记强调要发扬为民服务孺子牛、创新发展拓荒牛、艰苦奋斗老黄牛的精神，在全面建设社会主义现代化国家新征程上奋勇前进。

孺子牛、拓荒牛、老黄牛，是家喻户晓的美好形象，是砥砺奋进、创造历史的精神基因，更是披荆斩棘、创造未来的生动标识。

小常识

劳动与心理健康

有学者以360个小学生为对象，探究了劳动教育对心理健康的影响。结果发现：每天参与劳动时间超过30分钟的小学生，在心理问题各项上的得分显著低于参与劳动时间短的小学生；参与劳动种类在5种以上的小学生，在心理健康各项上的得分高于参与劳动种类在3种以下的小学生。这说明劳动时间、劳动内容与心理健康水平呈正相

关。学生在劳动的过程中，调动了身体的机能，身体的参与会让人产生愉悦的情感，进而对心理健康的各个维度产生正向的促进作用。

1. 劳动可以锻炼人的身心素质，很多时候可与运动的效果相媲美。劳动可以增强免疫力，减少精神上的紧张感，增加自我效能感，提升自信心。

2. 劳动可以培养独立自主的人格，提升社会适应能力，使人产生获得感和能力感。经常参与家务劳动的学生往往更加独立、自信，适应能力强。

3. 劳动可以培养合作意识，促进人际和谐。劳动离不开合作，家庭劳动能增进亲子之间的沟通，校园劳动能提升学生之间的合作能力，增强团体凝聚力。

4. 劳动可以放松身体，释放心理压力，缓解因学习产生的紧张情绪。

5. 劳动可以培养人的责任感。劳动使人学会付出——为学校、为社会付出，可以培养其家庭责任感、集体荣誉感和社会使命感。

——摘自《积极投身劳动，促进学生心理健康》，作者：高晓琳

好习惯伴我行

读一读

“一劳永逸”的话，有是有的；而“一劳永逸”的事却极少。

——鲁迅

知识是从刻苦劳动中得来的，任何成就都是刻苦劳动的结果。

——宋庆龄

我们世界上最美好的东西，都是由劳动、由人聪明的手创造出来的。

——高尔基

做一做

在初中阶段，我们可以进行哪些劳动呢？

1. 卫生防疫：掌握卫生清理方法和流程，灵活使用卫生工具。做到地面门窗洁净无尘，家具物品摆放有序，家电安全无隐患。掌握消毒通风等居家防疫技能，每日自测体温，健康出行。

2. 清洁厕所：掌握洁厕技巧，能够安全使用清洁用品。做到墙面、镜面、台面光亮如新，马桶内外无污渍，空气清新无异味。

3. 内务整理：掌握内务整理规范要求。做到物品规整有序，床面平整无杂物，床下干净无灰尘，衣橱擦拭洁净，衣物分类整齐。

4. 收拾书桌：充分利用书桌空间进行合理摆放。做到桌椅干净，书籍分类摆放整齐，学习用品摆放井然有序。

5.洗涤缝补：掌握洗涤缝补技巧。做到分类清洗衣物，干净无污渍；学习缝补方法，熟悉缝补流程，按需选择针线、布料进行简单缝补。

6. 烹调烹饪：能够掌握基本的烹饪流程。做到辨识食材食料，安全使用炊具，控制时间与火候，会做基础家常菜。

7. 垃圾分类：能够分类投放垃圾。学习了解垃圾分类常识，辨别垃圾种类，设置盛放工具，做到安全、科学投放垃圾。

8. 种植养护：掌握花草养护的基本技巧。了解花草种类习性，选择适宜生长条件，做到适时恰当浇水、松土、防治病虫害。

9. 照顾家人：能够融洽家庭氛围、分担父母责任。做到与家人分

享快乐、分担烦恼。能陪伴父母劳作，照顾弟弟或妹妹的生活。

结合上述资料，对比自己的生活实际，设计一个至少包括5项劳动内容的计划表。

我做到的有：________________________

我能做但没有做的：________________________

原因：________________________

我目前做不到的：________________________

原因：________________________

我要如何改进：________________________

我的劳动打卡计划

时间 劳动内容	周一	周二	周三	周四	周五	周六	周日

3. 换位思考，理解万岁

好习惯知多少

换位思考，是设身处地地为他人着想。这是一种理解至上的思考方式。换位思考是人与人之间关系融洽的最佳润滑剂，这要求我们暂时撇开自己的想法与追求，将自己的内心世界与他人联系起来，站在对方的立场上体验和思考问题，这是实现有效沟通的前提。懂得换位思考的人，更在意他人的感受，能以积极的态度主动向对方表情达意。

“没有人是一座孤岛。我们彼此联系，是最紧密的共同体。”换位思考就是促进彼此联系的哲学。如果人人都能换位思考，沟通之前多想一步，社会将会少矛盾、多和睦，变得越来越美好。

好习惯我来讲

“糟心事”变“邻里情”

2022年6月20日上午，山东某地的朱女士从市外开车回到自己居住的小区，发现自家车位被一辆货车“霸占”了，车上装满了西瓜。朱女士很是讶异，赶忙在业主群里发了一条信息，请车主及时把车挪走。但一直等到下午，都没见人来挪车。第二天，气愤的朱女士联系物业，这才得知货车车主李师傅因有急事要回老家，6月19日凌晨跟物业商量后，临时把车停到了朱女士的空车位上。

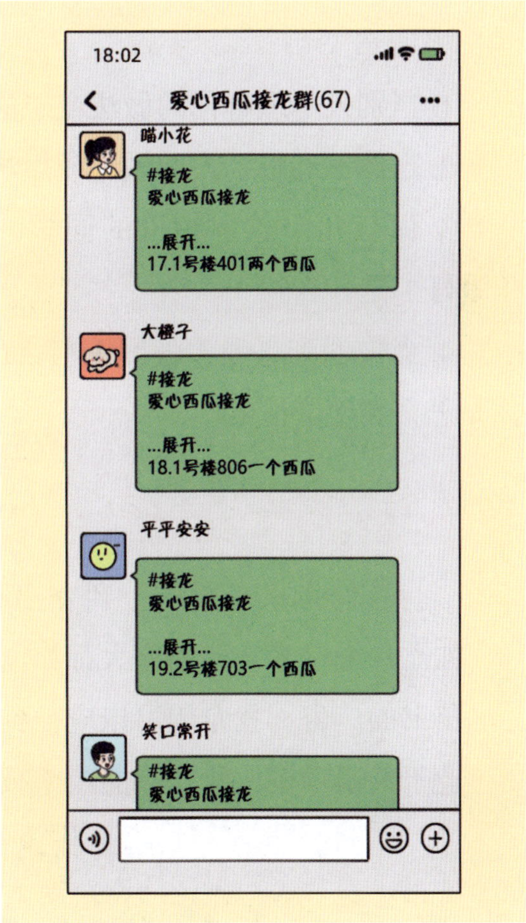

到了6月22日，李师傅还没回来。“这么热的天，西瓜可放不住。”朱女士在业主群里说起这事，并建议：“既然货车上贴有收款码，大家看看能不能把车主的西瓜买了。”这一建议得到了不少邻居的积极响应。

于是，朱女士辗转和李师傅取得了联系，在征得李师傅同意后，在业主群发起了“爱心西瓜接龙”，不一会儿就有近20位邻居买了瓜。

6月22日晚上10点多，李师傅终于赶了回来。对于小区业主们的热心行为，他感动地说：“占了车位好几天，人家没怨我，还帮我卖瓜。非常暖心！非常感谢！”

这件事经媒体报道后，不少网友表示很受触动，朱女士为他人着想的暖心之举，让一场糟心事，化为了动人的邻里情。

——摘编自《人民日报》公众号2022年6月25日报道

好习惯进我心

小调查

1. 当别人不理解你的做法或想法时，该怎么办？

2. 当你不理解别人的做法或想法时，该怎么办？

3. 你有几个志趣相投的同学？你们共同的兴趣（爱好）是什么？

4. 当你遇到兴趣（爱好）与自己不同的同学时，你是怎么和他交往的？

有位作家在报纸上刊登招聘秘书的广告后，应聘的信件如雪片般飞来，但内容大都如出一辙：我看到您在报纸上招聘秘书的广告，我希望可以应征到这个职位，我今年多少岁，毕业于某某学校，我如果能荣幸被您选中，一定兢兢业业……

不过，也有一封信令作家很惊喜，这封信是这样写的：

“您所刊登的广告一定会引来成百乃至上千封求职信，而我相信您的工作一定特别繁忙，根本没有足够时间来认真阅读。因此，您只需轻轻拨一下这个电话，我就会很乐意过来帮助您整理信件，以节省您宝贵的时间。您丝毫不必怀疑我的工作能力与质量，因为我已经有 15 年的秘书工作经验。”

写这封信的人之所以能在众多竞争者中脱颖而出，是因为他站在了招聘者的角度，指出了招聘者的需求和存在的困难，然后说明了问题的解决办法和自己的价值。

小讨论

悦悦和好朋友晓晓约定周六早上一起看电影，悦悦提前 10 分钟到了电影院门口，但晓晓直到电影开场 15 分钟都还没出现，也没有给悦悦任何说明。悦悦十分生气，她给晓晓发了一条信息：晓晓，你是个不守诺言的人，我很失望，我们以后不是朋友了！

直到下午，悦悦才从别的同学那里得知晓晓的家里出了大事……

如果你是悦悦，遇上好朋友失约这样的事，你会有什么反应？该怎么处理？

好习惯伴我行

读一读

己所不欲，勿施于人。

——孔子

责人之心责己，恕己之心恕人。

——《增广贤文》

做一做

怎样学会换位思考？

1. 学会从多元角度看待问题，摈弃“非黑即白”的思维模式。

2. 利用“我讯息”表达感受和陈述事实。

很多人在情绪激动的时候，很容易采用“你讯息”的表达方式。如“你怎么这样啊？”“你这样完全是不对的”……类似这样的“你讯息”，往往带有评价、控诉、指责的意味，不利于双方进一步沟通与交流。而“我讯息”则重在表达感受和陈述事实，既不评价，也不下命令。那么，要如何表达“我讯息”呢？

（1）描述行为：说话的内容尽量描述具体的行为，并少用“一直”“永远”“都是”等绝对性词语；

（2）表达感受：在描述完特定的状况或行为后，描述自己的感受；

（3）表达期望：尽量平和地说出自己心中的期望，也可以请对方说一说。

3. 掌握“换位思考四部曲”：

（1）如果我是对方，我需要的是……

（2）如果我是对方，我不希望……

（3）如果我是对方，我的做法是……

（4）我是以对方期望的方式对待他的吗？

练一练

换位思考想象练习

第一步，请你选择一个舒服的姿势坐下。

第二步，请你想象一个和同学产生不愉快的场景。

第三步，细化场景。通过具体的想象，如“我在做什么？我在说什么？对方在说什么？”等，感受自己身体的感觉和内心的情绪。可以尝试着对自己说：“不管我现在的感觉怎么样，我都欢迎任何情绪出现。”

第四步，把注意力从自己转移到场景中的同学身上，感受他的害怕、难过、生气，就像感受自己的情绪一样。然后尝试和想象中的同学，或者其他人聊一聊。

4. 心怀感恩，关爱他人

好习惯知多少

任何人都不能孤立地存在这个世界上，我们总离不开别人的善意对待和帮助。对此，我们既要心怀感恩，又要有所付出、关爱他人。感恩和关爱可以让世界变得更加明媚，让社会变得更加和谐。一个心怀感恩、关爱他人的人，必定拥有一颗柔软的内心，能够发现身边的善意和美好，也能够于小细节中品味大幸福。

好习惯我来讲

一碗面条

她又跟妈妈吵架了，一气之下，她转身向外跑去。她走了很长时间，直到看到前面有个面摊冒着热腾腾的香气，这才感觉肚子饿了。

可是，她摸遍身上的口袋，连一个硬币也没找到。

面摊的主人是一个很和蔼的老婆婆，她看到女孩站在摊边，就问：“孩子，你是不是要吃面？”

“可是，可是我没带钱。”她有些不好意思地回答。

“没关系，我请你吃。”老婆婆很热心地招呼她，“来，你坐下，我下碗面条给你。”

很快，老婆婆端来一碗面条和一碟小菜。她满怀感激，刚吃了几口，眼泪忽然就掉下来，纷纷落在碗里。

“你怎么了？”老婆婆关切地问。“没事，我只是感激。”她忙擦着泪水，对老婆婆说：“我们又不认识，而你却对我这么好。可是我自己的妈妈是怎么对我的？我跟她吵架，她竟然真的把我赶出来，还叫我不要再回去！”

老婆婆听了，平静地说道：“孩子，你怎么会这么想呢？你想想看，我只不过煮一碗面条给你吃，你就这么感激我；你的妈妈煮了十多年的饭给你吃，你怎么不感激她呢？你怎么还跟她吵架呢？”

女孩愣住了。女孩匆匆吃完面条，往家走去。当她走到家附近时，一眼就看到疲惫不堪的母亲正在路口张望……母亲看到她，脸上立即露出喜色：“你这个淘气包，赶快过来吧！饭早就做好了，你再不回来吃，菜又凉了！”这时，她的眼泪又掉了下来。

好习惯进我心

一饭千金

淮阴侯韩信年少的时候，家境很贫苦。那时候，他时常靠到河边钓鱼充饥。一次，韩信一连三天都没钓到鱼，饿得头晕眼花。一个在河边洗衣服的老大娘扶住韩信问道："孩子，你这是怎么了？"知道韩信的遭遇后，老大娘立刻把他带回家里，端出饭菜，让他吃了个饱。韩信很是感激，当即对老大娘许诺将来必定要重重地报答她。后来，韩信便离开家乡出去闯荡了。

几年之后，大娘家门口来了一列军队，为首的将军拜在老大娘身下。“大娘，我就是当年受您一饭之恩的韩信。我曾许诺要重重地报答您，如今，我要履行自己的诺言。”说完，他将一千两黄金送给老大娘，表达谢意。

成语“一饭千金”就是出自这个故事。老大娘在韩信最困苦的时候救济了他，而韩信也遵守诺言，滴水之恩，涌泉相报。

小链接

学会感恩

1. 感恩的人更幸福

心怀感恩的人很少妒忌他人。他们能更好地应对生活的压力，具有更强的抵抗力。即使在困境中，他们也能发现美好的东西，其他人也会更喜欢他们。更重要的是，人们更愿意帮助那些过去一直感恩他们的人。

2. 感恩让人思维更开阔

心理学家芭芭拉·弗雷德里克森认为，感恩能够拓展人的思维。思维的开拓会让人产生一种自我效能感。弗雷德里克森认为，这些情感能培养同情心与助人为乐的精神，并促使人们尝试一系列可能帮助别人的方法。

3. 感恩是社会和谐的关键

感恩可以增强人们的社会归属感，增强作为好公民的责任。当今社会需要以多种形式将感恩贯穿于各种文化中。对每个人的贡献表达感恩，从而使社会变得更加和谐、团结。公开表达的及其他各种形式的感恩，会使人们保持乐观并有共同目标感。

好习惯伴我行

读一读

滴水之恩，当涌泉相报。

——民间俗语

投我以桃，报之以李。

——《诗经》

谁言寸草心，报得三春晖。

——孟郊

做一做

在积极心理学中，感恩指的是我们对生活中美好事物的感激和欣赏的一种情绪体验。那么，要如何学会感恩呢？下面分享一些小技巧。

1. 不吝啬我们的表达

不要小看一句简单的“谢谢”——语言具有强大的能量，发自内心的真诚的致谢可以让人感到温暖。所以，当我们接受别人的关心和帮助时，要充分地表达内心的感激之情，这样可以加深彼此的情感连接。

2. 懂得知足

不要给自己或他人设定太高的标准，更不要因为自己或他人达不到要求而闷闷不乐。只要自己尽力了，就足够安慰和自豪；只要他人尽心了，就足够值得我们感谢。

3. 记录感恩事件

可以通过文字将遇到的值得感恩的事情记录下来，并不时回顾翻看。不要只对那些显而易见的、重要的事情表达感恩，要知道细微处也有光芒。另外，我们既可以感恩自己，也可以感恩他人——文字记录能加深记忆，每一次回顾都是对美好情绪的重新体验。

第五章

保护自己我能行，遵守公德好公民

1. 我会保护我自己

好习惯知多少

人的生命是最基础、最重要的存在，生命安全是一切知识学习和能力培养的前提。如果连生命安全都无法保障，那么人生的所有理想、意义和价值都将沦为虚无。我们要珍爱生命、敬畏生命，增强安全意识，提升安全保护能力，学会识别风险、防控风险、应对风险，承担起保护自己、健康成长的责任。

好习惯我来讲

家中失火后的自救

2019年5月31日晚6点半左右，常州市消防指挥中心接到报警称，武进区湾里新村72栋一户居民家中失火，一名13岁男孩被困家中。据了解，当时男孩的父母都还没下班，外婆将男孩从学校接回后，就把他独自留在家中。

“闻到外面有很呛的味道，感觉是烟，感觉很热。”独守家中的男孩发现客厅在冒烟，明确自己已经无法逃出房屋后，便开始了紧急自救。

他是这么做的：

1. 立即躲进卫生间，将门关上。

2. 打开淋浴喷头，对准门缝喷水，防止明火蔓延至卫生间。

3. 与此同时，从卫生间的窗户往楼下扔东西，并大声呼救求助。

邻居见状后赶紧报警。救援人员赶到后，对防盗门进行切割，10分钟后，男孩得救了。

我们都不希望危险发生，但危险一旦发生，掌握一定的自救知识是非常有必要的。

好习惯进我心

全国中小学生安全教育日

1996年2月，国家教委、公安部等六部委联合发出通知，把每年3月最后一周的星期一定为全国中小学生安全教育日。设立这个节日，是为了全面深入地推进中小学生安全教育工作，大力降低伤亡事故的发生率，切实做好中小学生的安全保护工作。

世界预防溺水日

溺水是世界各地非故意伤害死亡的第三大原因。据不完全统计，我国每年有5.7万人死于溺水，其中少年儿童溺水死亡人数占总数的56%，溺水已成为中小学生非正常死亡的“第一杀手”。第75届联合国大会于2021年4月28日通过决议，将每年的7月25日设为世界预防溺水日，旨在提醒全球人民增强安全意识，严防溺水事故发生。

好习惯伴我行

做一做

防疫安全

1. 学生应每日监测健康状况，如出现可疑症状，应主动报告学校，并及时就医。

2. 上学途中，乘坐公共交通工具时，应全程佩戴口罩，注意与他人保持距离。

3. 勤洗手，饭前便后要用洗手液或肥皂洗手。

4. 咳嗽、打喷嚏时，用纸巾遮住口鼻，如无纸巾，可用手肘或衣服遮挡。

5. 在校期间，如需与他人近距离接触，应正确佩戴口罩，尽量缩小活动范围。

6. 养成良好作息习惯。按时午睡，早睡早起；适度进行体育锻炼，增强体质，降低感染风险。

防溺水安全

1. 上下学路上不贪玩，不去池、塘、沟、河流、水库等野外水域游泳、捉鱼虾、玩水，放学后按时回家。

2. 有小伙伴要去玩水时，要及时劝阻。若劝阻无效，则应就近寻求大人帮助。若附近没有大人，要第一时间告诉老师或家长。

3. 上下学路上，要远离危险水域。若书包、鞋子、文具等不慎掉进河里，不要自己下水捡拾，应回家告诉大人。

4. 遇到同伴溺水时，应避免手拉手救人或盲目跳水施救，要智慧救援，立即寻求大人帮助。

校内安全

● 课间活动时

1. 有序进出教室，上下楼梯靠右行，不拥挤或互相推搡，防止出现踩踏事件。

2. 不在教室打闹追逐、互扔东西，防止被桌椅棱角碰伤。

3. 不随意攀爬扶手或趴在教室窗口张望，防止出现滑倒坠楼事件。

●上课时

1. 上体育课时，不随意攀爬运动器材，不做危险动作。训练和比赛过程中发现身体不适，应告知老师，必要时及时就医。

2. 实验课前，仔细听取老师讲解的实验步骤，在实验室中不要因为好奇而乱动化学试剂，做实验时应在老师的正确指导下进行实验。

●校园生活中

1. 不得携带管制刀具等违规物品进入校园。

2. 面对校园霸凌，要自信、勇敢，要有反抗的勇气，及时向老师、家长、警察寻求帮助。尽量避免在危险地带停留，学会自我防御，谨慎交友。

3. 遇到敲诈勒索、拦路抢劫时，不要与对方发生正面冲突，事后应及时告诉父母或打电话报警。

交通安全

1. 上下学途中，要遵守交规：红灯停、绿灯行、黄灯等一等；过马路时不追逐打闹、不横冲直撞、不猛跑；不在机动车道翻越护栏、横穿马路；过马路要走斑马线。

2. 未满 12 周岁不能骑自行车上路，未满 16 周岁不能骑电动自行车上路。

3. 乘坐公共交通工具要遵守秩序，在车上时，要坐稳扶好，不能擅自将胳膊、头等身体部位伸到窗外。

4. 不要在行驶的车上吃东西，防止紧急刹车时咬到舌头或因食物误入呼吸道造成窒息。

5. 警惕汽车盲区，不要靠近汽车在行驶和倒车时的盲区，不要蹲在车前玩耍，在家门口、小区内也不能放松警惕。

外出游玩安全

1. 不到江河溪边、水库、池塘、水井等危险的地方玩耍、滑冰等，到这些地方进行娱乐活动必须有家长陪同，防止发生溺水等事故。

2. 使用小区、公园等地的健身器材时要注意安全，不做危险动作。

3. 注意警告标志、禁止标志。远离井盖、下水道口，远离有警告标志、禁止标志的场所，不去危险的地方，不做危险的动作。

4. 不在空中架有电缆、电线的地方放风筝或进行球类运动。

5. 观看比赛、演出或电影时，排队入场，对号入座，做文明观众。比赛或演出结束时应随队而出，不可在退场高峰时向外拥挤。

网络安全

1. 健康上网，上网时间要有节制。

2. 警惕网络上主动加好友的陌生人，谨慎加入群聊，添加陌生人或加入陌生群之前，一定要请大人核实对方身份。

3. 不要盲目扫描二维码，更不要盲目点击来源不明的链接。

4. 正确看待网络的作用，辨别不良信息，拒绝有害低俗信息的诱惑，学会控制欲望。

5. 不在网上与别人争吵、谩骂或暴露别人隐私等。

安全涉及生活的方方面面，除了以上内容，还有哪些安全知识值得我们重视？请你结合实际，查一查资料，并与同学分享。了解安全知识后，最重要的是内化于心、外化于行，真正为自己撑起一把安全保护伞，为自己的成长保驾护航。

2. 遵守秩序护公德

好习惯知多少

“人而无德，行之不远。”要实现社会文明有序发展，既离不开个人道德修养的提高，也离不开社会公德的建设。在中共中央、国务院印发的《新时代公民道德建设实施纲要》中，明确提出要“推动践行以文明礼貌、助人为乐、爱护公物、保护环境、遵纪守法为主要内容的社会公德，鼓励人们在社会上做一个好公民。”作为中学生的我们，要践行这五个方面的社会公德内容，具备公共责任心和公民义务感，努力成为一个有益于他人和社会的人。

好习惯我来讲

平凡英雄

2021 年 8 月 16 日，北京顺义公交司机王舰师傅在运营过程中突

发脑梗。在生命的尽头，他拼尽全力完成减速、靠边、停车、拉手刹等一系列动作，守护了一车乘客的安全，而他的生命却永远定格在了42岁。有乘客回忆，王师傅发病后不仅稳稳地停下车、打开前后门，还不忘打开双闪。

这位平凡的公交车司机，用生命诠释了什么是高度的职业责任感，什么是无私忘我的精神。网友们纷纷送上自己最真诚的敬意和悼念：“师傅最后冲着车门摆摆手，好像是在向这个世界告别！”“师傅一路走好，希望家人平安！”“发病时，师傅拼命用手捶自己的头，那是在强制自己保持清醒，护一车人安全！”“致敬平凡英雄！”

近年来，和王师傅一样，在身体出现突发情况的紧急关头，首先选择保障乘客平安的司机师傅，还有不少。

2021 年 7 月，福建莆田的一名公交车司机在营运途中突发脑梗，他拼命停靠好车辆，让乘客安全下车。幸运的是，乘客及时联系 120 急救中心，经抢救，这位师傅最终平安无虞。

2021 年 4 月，陕西咸阳客车驾驶员马小群，以惊人的意志力把将要失控的客车停在了路边。当医护人员赶到时，马师傅“如同雕塑一般，僵硬地保持着刹车动作”。

2019 年 11 月，深圳公交车司机王付山师傅拼尽全力“生死操作 20 秒”，保住了全车 30 多名乘客的安全。

2018 年 11 月 9 日，贵阳剑河县农村公交车司机吴毅在大脑失去意识之前停稳了公交车，救下了车上的 34 名乘客。

…………

他们都是普普通通的司机，但是在突遇重大危险时，他们都以超常的勇气和毅力，演绎了不平凡的壮举，是名副其实的平凡英雄。

好习惯进我心

社会公德建设与“三心”

1. 责任心。我们要清醒地认识到，个人与集体、个人与社会是紧密相连的，“各人自扫门前雪，休管他人瓦上霜”的道德冷漠，是极其不负责任的态度。作为新时代的中学生，我们要树立强烈的法治意识、公共意识、规则意识、责任意识，自觉维护社会公德。

2. 羞耻心。孔子云：“好学近乎知，力行近乎仁，知耻近乎勇。”有羞耻之心，知何以为耻、何以为荣，方能见己之不足与缺点，“过而能改，善莫大焉”。社会公德的底线，就是人的羞耻心。

3. 同情心。对于他人的遭遇，在感情上产生共鸣，是为同情。这是一种发自内心的感同身受。正所谓“一方有难，八方支援”，中华民族自古以来就是一个有着强烈同情心的民族。在同情心的召唤下，公民道德素质得以提高，社会更加和谐安定，民族、国家更加团结向上。

好习惯伴我行

读一读

德无细，怨无小。

——《说苑》

道德这事，必须普遍，人人应做，人人能行，又于自他两利，才有存在的价值。

——鲁迅

人类最大的幸福就在于每天能谈谈道德方面的事情。无灵魂的生活就失去了人的生活价值。

——苏格拉底

查一查

你所在的城市发布过市民文明守则吗？请查一查，并一一对照自己的行为，看看是否符合要求。

做一做

你听说过“公民道德储蓄存折”和“道德银行”吗？上网搜索相关资料，在家里建立一个“道德银行”，参考银行的运作模式，和爸爸妈妈一起自觉提升自身道德素养，见证爱、收获爱、传递爱吧！

3. 身体力行，争做好公民

好习惯知多少

公民意识是指现代公民个体对自己在国家、社会生活中被赋予的权利与应承担的义务的自我认同和理性自觉。它主要包括权利主体意识、法治规则意识、爱国主义意识、社会公德意识和保护环境意识等。作为一名新时代的中学生，我们要清楚地认识到：我们是中华人民共和国公民，是国家的主人，同时，我们也要履行自己应尽的义务。现阶段我们要做的，就是自觉主动地投入提升个人素养的学习活动和力所能及地服务国家与社会的实践活动。

好习惯我来讲

祖父的自勉词

冰心先生晚年时，写了一篇名为《我祖父的自勉词》的散文，深

情回忆了祖父对自己的言传身教。作品是这么写的：

1912 年我从山东烟台回到我的父母之乡福建福州，在我的祖父谢子修老先生身旁待了两年多，受尽了他的疼爱和教导。

他的书桌右壁上，有一副他亲笔写的对联：

知足知不足

有为有不为

他珍重地对我说："这是我的自勉词。'知足'就是有的事情应当永远'知足'，比如物质上的衣、食、住、行等等，都不要苛求享受；而在操行、掌识等等的追求上，要永远'知不足'。'有为'呢，就是有些事情要永远努力去做，比如对人民、国家有益，能促进世界和平、人类进步的事。反之，对人民、国家，对世界和平、人类进步有害的事，都千万不能做。这是一个人对自己的起码要求。你现在才十二岁，来日方长，你要永远记住这十个字，努力去实践！"

这话说来，将近八十年了！这十个字我还是牢牢记住了，也努力去实践了。但是否都做到了，还不能由我自己来说。

小讨论

读完冰心先生的上述作品后，和同学讨论一下作品内容对我们培养公民意识有什么启发。

好习惯进我心

小链接

做新时代合格小公民的倡议

加强公民意识教育，关乎中华民族整体素质的提升。公民在享受权利的同时，也必须履行法定的义务。这里所说的义务，包括法律规定的对国家、社会和家庭应尽的义务。

作为中学生的我们，在学校，要严格按照《中小学生守则》《中小学生日常行为规范》等日常规章制度来规范自己的行为，热爱学习，积极参加校园文化建设，自觉对照校风、学风等校园文化，培养良好的行为规范；在家庭，要尊老爱幼，自己的事情自己做，协助父母完成自己力所能及的家务劳动等；在社会，要积极关注社会现实，可以以小公民的身份深入机关事业单位、社区、企业等，到一线去扎实开展调查研究工作，认真分析社会实际问题，提出解决方案，履行公民义务。

让我们向身边的同学们发出《做新时代合格小公民的倡议》：

有信仰，做勇于追梦的小公民；

有温情，做优质服务的小公民；

有公德，做文明向善的小公民；

有礼貌，做谦恭有礼的小公民；

有爱心，做热心公益的小公民；

有活力，做健康生活的小公民。

好习惯伴我行

做一做

设计制作一份《争当合格公民》手抄报，在班上公开展览。

辩一辩

利用班会课或道德与法治课，在班上开展一场关于“解决共享单车使用中的乱停乱放等问题，采用法律方式更有效还是道德方式更有效”的小型辩论赛。

小调查

与同学合作，在老师的指导下，开展一次关于中学生公民意识的问卷调查，并形成一份详细的调查报告。

请将你们设计的调查问卷，贴在下面的方框里。

图书在版编目（CIP）数据

习以为常：学生行为习惯养成教育手册：初中版 /《习以为常》编写组编著. —福州：福建少年儿童出版社，2023.4

ISBN 978-7-5395-7839-2

Ⅰ. ①习… Ⅱ. ①习… Ⅲ. ①初中生–习惯性–能力培养 Ⅳ. ① G635.5

中国版本图书馆 CIP 数据核字（2022）第 029158 号

习以为常

——学生行为习惯养成教育手册 · 初中版

编　　著：《习以为常》编写组
出版发行：福建少年儿童出版社
http://www.fjcp.com　e-mail: fcph@fjcp.com
社　　址：福州市东水路 76 号 17 层（邮编：350001）
经　　销：福建新华发行（集团）有限责任公司
印　　刷：福建新华联合印务集团有限公司
厂　　址：福州市晋安区福兴大道 42 号
开　　本：787 毫米 ×1092 毫米　1/16
印　　张：7.5
版　　次：2023 年 4 月第 1 版
印　　次：2023 年 4 月第 1 次印刷
ISBN 978-7-5395-7839-2
定　　价：25.00 元

如有印、装质量问题，影响阅读，请直接与承印者联系调换。
联系电话：0591-88208488